ISBN: 9798636260158

I0504581

*Ao Criador, causa primária de todas as coisas, por tudo!
E à minha família: minha mãe, pelo desvelo assertivo e
constante, minha esposa pela paciência, tolerância e por
me proporcionar escrever este modesto livro em dias
turbulentos de pandemia, meus cachorros por me aturarem
e contribuirem consideravemente para o nosso bem-estar
físico e mental, e meu pai, que desde muito cedo sempre me
ensinou: "Não importa o que você se seja quando crescer,
mas o que quer que você se torne, seja o melhor!".*

PRÓLOGO

*"As dúvidas são as minhas únicas
certezas" – Anaximandro Melo*

O líder mais competente não tem milhões de seguidores. Benevolência e saber servir é o que gera mais engajamento.

Tratar os colaboradores como recursos a serem otimizados está obsoleto, liderar é outra coisa.

Permitir a criatividade para a solução de problemas é fundamental, afinal inovação corporativa é a criatividade que emite nota fiscal.

Muito se reflete sobre o sentido da vida, mas qual o sentido do trabalho?

A resposta é **propósito**.

Deve-se reconhecer as pessoas com quem se trabalha como seres conscientes que desejam transcender suas existências limitadas com projetos nobres que as imortalizem.

Os indivíduos se empenham em trocas voluntárias de acordo com suas preferências e necessidades. Empresas e empreendedores devem entender os anseios reais de seus clientes e liderados para, então, servi-los de forma justa e eficaz.

Crendo ou não, o capitalismo pode ser um caldeirão para a empatia, compaixão e justiça. E o lugar em que isso acontece é o ambiente de trabalho.

Frequentemente o capitalismo é retratado como o campo em que a ética pode esperar diante da busca oportunista por lucro. "São só negócios", as pessoas dizem quando querem justificar atalhos éticos - ou não - para comportamentos descaradamente sociopáticos.

Trata-se de uma mentalidade tóxica e rasa. Identificando o conceito de servir que jaz no âmago do capitalismo, deve-se a ver o ambiente de trabalho além dos indicadores-chave de desempenho e de declarações sobre perdas e lucros, mas como um lugar extremamente humanizado, um local onde a maior parte das pessoas organiza a vida, obtém senso de individualidade e busca por um propósito.

Uma vez aceita essa verdade com consciência, incluindo-se o conceito adequado de justiça, pode-se reconhecer integralmente que compaixão, integridade, receptividade e serviço são o coração de qualquer organização com bom funcionamento.

A mentalidade de "negócios e justiça" não se aplica somente a como a empresa serve seus clientes, mas principalmente como ela trata os integrantes dos times. Grandes líderes definem e articulam os propósitos nobres e os valores das empresas e não são como "alguns chefes que sentam na proa do barco e dizem 'remem!'. Eles pegam uma prancha de surfe e dizem 'vamos pegar essa onda juntos!'".

No **Vale do Silício**, as empresas que crescem mais rápido, são as que executam com mais consistência e que se tornam agentes dominantes em suas indústrias — as empresas crescem rapidamente são aquelas que definem suas missões corporativas com metas grandiosas, nobres e ambiciosas.

A **Google** quer organizar toda a informação do mundo. O Facebook quer conectar o planeta. A **Microsoft** quer tornar pessoas e empresas mais produtivas. A **Airbnb** quer ajudar seus clientes a se sentirem em casa em qualquer lugar. O **LinkedIn** quer permitir que todos tenham as melhores oportunidades profissionais.

Essas empresas realizam serviços em escala global melhor que seus concorrentes. Elas entendem as necessidades dos seus colaboradores. Não por acaso, disponibilizam recursos complementares que vão de sala de jogos a lavanderias. Suas missões são claras e grandiosas, atraem profissionais talentosos em busca de realização pessoal porque seus líderes sabem facilitar suas vidas, além de proporcionarem posições na empresa que possibilitam provocar impacto mundial com propósito real.

Saber servir é a senha para se conectar com as pessoas. Aprenda a ouvi-las e entendê-las, facilite o trabalho delas e elas moverão o mundo por você.

ÍNDICE

LIDERANÇA E CRISE, AUTORIDADE X PODER: MANDA QUEM PODE, OBEDECE QUEM É BEM SERVIDO!

Uma breve história sobre líderes e tipos de lideranças.

por Anaximandro Barbosa de Melo

Amazon

INTRODUÇÃO

*"Tudo que você tiver que ser,
seja bom" – Abraham Lincoln*

A presente obra foi escrita, para de alguma forma, auxiliar o(a)s gestore(a)s da pátria do cruzeiro, nesta crise de liderança sem precedentes na história brasileira. Não tem a prentensão de ser o guia definitivo sobre o assunto, longe disso. Foi feito com dedicação e algum zelo, principalmente ao jogar luz - algumas vezes de forma descontraida - sobre um tema tão polêmico, sobretudo nos dias atuais - ou de forma mais sisuda, quando houver necessidade -, sobre esta (quase sempre) irreconhecida posição e inglória missão: **Liderar, Inspirar** e **Servir**.

O modelo de liderança eficaz vem sendo discutido ao longo de décadas por estudiosos e especialistas no assunto. Constantemente eles lançam suas teses e definições a respeito, todavia com as sucessivas e rápidas transformações nos negócios das empresas, torna-se cada vez mais desafiador estabelecer um padrão atemporal para liderar.

A flutuação do conceito de gestão de pessoas ao logo da história demonstra sua temporalidade. Desde as etapas da agricultura, artesanato, industrialização até a informatização, drásticas mudanças ocorreram. Para se ter uma idéia, só no século XX seis escolas teóricas sobre gerência de pessoas intercalaram-se, a teoria clássica da revolução industrial, de 1900 a 1930, escola das relações humanas, de 1930 a 1950, escola behaviorista, de 1957 a 1970, teoria dos sistemas, de 1951 a 1980, cultura da administração japonesa, de 1980 a 1995, e reengenharia, de 1990 a 1998, todas com conceitos distintos.

Um estudo mais aprofundado sobre a história da humanidade, demonstra que houve muitos tipos de lideranças e que essas utilizaram ora poder, ora autoridade, ora ambas, e foram capazes de influenciar os mais variados tipos de pessoas de diversas culturas em várias épocas. De Jesus a Tiradentes, de Gengiskan a Nero, de Buda a Gandhi, de Mussolini a Saddan Hussein, de Francisco de Assis a Nelson Mandela, de Hitler a Bin Laden, de Lincoln a Trump, de Luther King a Madre Teresa de Calcutá e de Irmã Dulce a Bolsonaro, todos exerceram influência por meio de seu modo de pensar e sobre tudo por seu modo de agir.

Não é o objetivo desta obra abordar todos os estilos de lideranças das personalidades supracitadas - apenas o que for relevante e para efeito didático -, já que elas possuem suas respectivas biografias. Para ter como exemplos práticos e mais próximos, serão abordados brevemente os estilos de liderança de duas personalidades brasileiras conteporâneas: Irmã Dulce e Jair Bolsonaro.

Em relação ao conteúdo do livro, o primeiro capítulo traça as bases e os princípios dos conceitos que influenciaram o pensamento atual sobre liderança. O segundo faz uma análise sobre a quebra de paradigmas nos contextos onde estão inseridos os indivíduos. O terceiro aborda os modelos que existiram, como referência para modelos de gestão contemporânea e futura. No quarto são relatados os tipos mais comuns de líderes. O quinto examina e explica as origens de expressões cotidianas e seus significados nas épocas em que foram e são utilizadas. No sexto capítulo são tratadas as questões do ambiente e suas influências nos comportamentos e pensamentos das pessoas. O sétimo explana sobre as escolhas que todos podem fazer e os conceitos contrários à questão do livrearbítrio. No oitavo, serão feitas analogias da vida e obras da freira Irmã Dulce sob um prima corporativo. O novo capítulo tratará do estilo indefinido de gestão do atual presidente da república, Jair Bolsonaro. No décimo são apresentados os desafios a serem conquistados pelos que optarem pelos modelos de gestão baseados na autoridade. O décimo primeiro trata das diretrizes para se tornar um(a) líder servidor(a), seguido da conclusão.

1. PRINCÍPIOS DA LIDERANÇA

"Liderança não é sobre títulos, cargos ou hierarquias. Trata-se de uma vida que influencia outra" – John C. Maxwell

Um dos fundadores da sociologia, Max Weber, escreveu em 1946, um livro chamado *The Theory of Social and Economic Organization* (A Teoria da Organização Econômica e Social). Neste livro, Weber enunciou as diferenças entre poder e autoridade, e essas definições ainda são amplamente usadas atualmente.

Segundo Weber, poder é "a faculdade de forçar ou coagir alguém a fazer sua vontade, por causa de sua posição ou força, mesmo que o indivíduo preferisse não o fazer", e autoridade é "a habilidade de levar as pessoas a fazerem de boa vontade o que você quer por causa de sua influência pessoal". Com efeito, entende-se que enquanto o poder é definido como uma faculdade, autoridade é definida como uma habilidade.

Estudos recentes indicam que há um conjunto de habilidades que o(a)s líderes com autoridade possuem como a honestidade, confiabilidade, bom exemplo, cuidado, compromisso, ser bom ouvinte, respeitoso(a), encorajador(a), positivo(a), entusiástico(a) e gostar de gente. Essas habilidades são comportamentos. E comportamento é escolha. Cada indivíduo pode e deve utilizar o seu livre-arbítrio para fazer suas escolhas. O desafio para o(a) líder que pretende ter autoridade é escolher os traços de caráter, que precisam ser trabalhados e colocados em prática. Liderar com essas habilidades será conseguir que as coisas sejam feitas por meio das pessoas, de tal sorte que resultará sempre em duas dinâmicas: tarefa e relacionamento.

Concentrar-se somente em ter a tarefa realizada e não no relacionamento com os seus, fatalmente levará o(a) candidato(a) a líder ao fracasso, pois terá que recorrer à força para alcançar os objetivos, e o poder inevitavelmente corrói os relacionamentos. Focar apenas no relacionamento, não assegura liderança, visto que a intimidade interferirá na autoridade. Realizar uma dinâmica em detrimento da outra, é caminho largo para o erro, enquanto que executar as tarefas enquanto cuida-se dos relacionamentos, aumentam as chances de êxito.

A importância de cultivar bons relacionamentos enquanto líder deve-se ao fato de tudo na vida girar em torno deles. No mundo dos negócios não é diferente. Líderes competentes são capazes de construir relacionamentos saudáveis. Por exemplo, se os clientes deixam uma empresa e vão para os concorrentes, existe um problema de relacionamento. A regra número um dos negócios é: não corresponder às necessidades dos clientes é dar oportunidade à concorrência. Relacionamentos saudáveis com os clientes, colaboradores, proprietários e fornecedores asseguram um negócio saudável e lucrativo.

Para construir bons relacionamentos é necessária uma habilidade de comportamento fundamental: a confiança. Sem ela é difícil, senão impossível conservar um bom relacionamento. A confiança é a "cola" que gruda os relacionamentos.

Liderança é a habilidade de influenciar pessoas para trabalharem entusiasticamente visando atingir os objetivos identificados para o bem comum.

2. QUEBRANDO PARADIGMAS

"Um bom exemplo é o melhor sermão" – Benjamin Franklin

A maior parte dos indivíduos tende a satisfazer primeiramente suas necessidades, vontades e desejos para só depois pensar nos outros, segundo indicam os estudos sociológicos e antropológicos, o que é compreensível, dada a carga genética do *homo sapiens*, que foi construída mesmo antes do seu aparecimento na terra por meio do instinto de sobrevivência.

A herança genética do "egoísmo" tem acompanhado a espécie humana desde então, fazendo com que esse comportamento seja aplicado inconscientemente nos mais diversos ambientes: casa, trabalho, igreja, sociedade, etc. Ouvir o semelhante, dando-lhe a devida atenção, é algo que a nossa espécie ainda faz muito mal.

Tratar as outras pessoas sem dar importância ainda é algo que grande parte da sociedade considera normal e até estranha quem de forma diferente costuma proceder.

A sociedade atual em que se vive é constantemente levada a crer que a felicidade é exterior e está diretamente ligada à quantidade de bens materiais e ao "poder" que se tem, porém de acordo com a Dra. Danah Zohar, autora do livro Inteligência Espiritual (1999), sob uma perspectiva holística - uma das caractereistas do quoeficiente espiritual -, é possível percebe que as melhores coisas da vida são totalmente grátis: o amor, o casamento, a família, os amigos, filhos, netos, o nascer e o pôr-do-sol, as noites de lua, as estrelas brilhando, as crianças, os dons do tato, paladar, olfato, audição, visão, a boa saúde, as flores, lagos, praias, nuvens, *pets* (alguns não), o sexo, livre-arbítrio e a própria vida, são exemplos. Infelizmente, o excesso de atividades nas tarefas diárias faz com as pessoas não percebam esses benefícios e tenham sua atenção voltada exclusivamente para ganhar e ter o máximo possível.

Uma definição simples para a palavra paradigma é que esta representa padrões psicológicos, modelos ou "mapas" que as pessoas usam para "navegar" na vida. Os paradigmas podem ser valiosos e até salvar vidas, quando usados adequadamente, mas podem se tornar perigosos se forem tomados como verdades absolutas, isentas de qualquer possibilidade de mudança. Agarrar-se a paradigmas ultrapassados pode deixar as pessoas paralisadas, enquanto o mundo passa por elas. Por isso é importante desafiar continuamente os paradigmas a respeito de si mesmo, do mundo em torno, das organizações em que atua e das outras pessoas com quem se convive. É importante salientar que o mundo exterior penetra no consciente das pessoas, por meio dos "filtros" dos seus paradigmas e nem sempre eles são corretos. O mundo não é percebido como ele é de fato, mas como as pessoas o vêem, e pode parecer muito diferente, dependendo da perspectiva de quem o observa. Se de alguma forma lhe veio à mente a polarização política quem vem dividindo o país há alguns anos, você captou a mensagem.

Novas idéias e maneiras de fazer as coisas estarão sempre sendo desafiadas, e até rotuladas como heréticas, comunistas, neoliberais, de esquerda, de direita, malucas, etc. Se não fossem elas, a civilização pouco teria evoluído. Alguns estudiosos têm demonstrado que as pessoas são resistentes às mudanças, porém eles perceberam que a mudança só sofre resistência quando chega até as pessoas. Estudos recentes indicam que, novas idéias são recusadas em uma primeira análise, pela minoria das pessoas, até que haja a concretização dessas idéias em ações e elas chegam às pessoas, e só após isso, dá-se o fenômeno da rejeição de fato. A mudança força as pessoas a fazerem as coisas de outro modo e as tira de suas zonas de conforto, o que é difícil. Quando as idéias atuais são desafiadas, as pessoas são forçadas a repensarem a sua posição, e isso é sempre desconfortável. O mesmo vale para as organizações e negócios. Se não estão constantemente desafiando suas crenças e velhas maneiras de fazer as coisas, a concorrência e o mundo simplesmente as ultrapassam.

Por definição, é impossível melhorar, a não ser que se mude. Um dos melhores conceitos para insanidade é: continuar a fazer o que sempre fez, desejando obter resultados diferentes!

Um paradigma predominante na administração contemporânea

é o estilo piramidal. Esse estilo tornou-se popular por ser um velho conceito herdado de séculos de guerra e monarquia. Nas forças armadas, por exemplo, há na seqüência hierárquica o general no topo, seguido pelos coronéis, capitães, tenentes, sargentos e por último os soldados, que estão na linha de "fogo" do inimigo.

Velho Paradigma

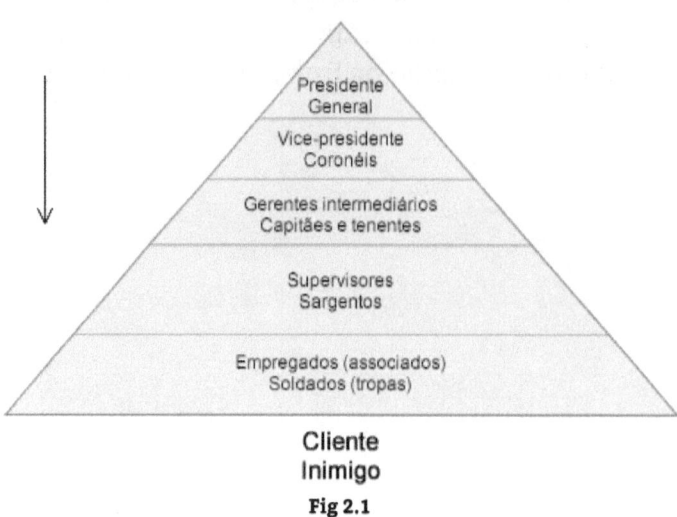

Cliente
Inimigo
Fig 2.1

A analogia feita entre as empresas e a estrutura das organizações militares na figura 2.1 demonstra que esse modelo está ultrapassado, pois quem está mais próximo do cliente são os "empregados/associados", e por estarem mais próximos são eles quem melhor conhecem as necessidades dos clientes e não necessariamente quem está no topo da pirâmide.

Hoje, em muitas organizações, as pessoas se empenham em manter o patrão feliz. E, quando todo mundo se empenha em manter o chefe feliz, quem se preocupa em manter o cliente feliz?

Quase sempre quem está no topo preocupa-se com a satisfação do cliente, a atenção está voltada costumeiramente para os lucros e despesas da organização, o que não é totalmente condenável, já que a razão de existir de toda empresa não filantrópica é o lucro.

Novo Paradigma

Modelo pirâmide colaborativa

Fig. 2.2

Ao contrário do conceito original em que os empregados servem os patrões, quem está na base (Fig. 2.2) é quem deve fornecer as condições necessárias para quem está em contato direto com o cliente realize as atividades da melhor forma possível. Há nesse conceito também um interessante enfoque sobre quem é o cliente. O cliente não é apenas aquele para quem se vende o produto ou presta-se o serviço final, mas é sempre o próximo do processo.

Lamentavelmente ainda há muitos gerentes, diretores e dono(a)s de empresas que ao invés de facilitar a vida dos que estão em contato com o cliente, acabam colocando obstáculos.

O papel de quem lidera é servir, porém é necessário distinguir o que é servir, que não deve ser confundido com realizar desejos. A vontade é simplesmente um anseio que não considera as conseqüências físicas ou psicológicas daquilo que se deseja. A necessidade é uma legítima exigência física ou psicológica para o bem-estar do ser humano.

O(a) líder que serve, é aquele(a) que identifica e satisfaz as necessidades legítimas de seus liderados e remove todas as barreiras para que possam servir ao cliente. Abraham Maslow estabeleceu em 1943 uma hierarquia de necessidades humanas, também conhecidas como "pirâmide de Maslow", e que foi publicada em no livro Motivação e Personalidade em 1954. Essa estrutura é composta de cinco níveis, onde as necessidades do nível mais baixo devem ser satisfeitas antes das necessidades de nível mais alto. Além disso, ele afirmou que estabelecer limites, regras e padrões é fundamental para satisfazer as necessidades de segurança e proteção das pessoas.

Hierarquia das Necessidade Humanas de Malow

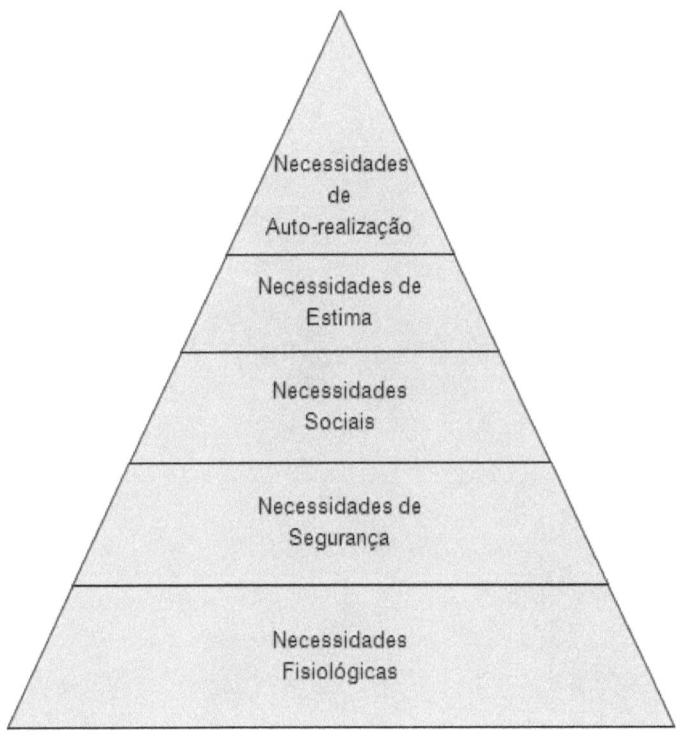

Necessidades de Auto-realização

Necessidades de Estima

Necessidades Sociais

Necessidades de Segurança

Necessidades Fisiológicas

Fig. 2.3

Supondo que pagar um salário justo e dar os benefícios satisfaçam as necessidades de comida, água e teto. As necessidades da segunda camada - segurança e proteção - exigiriam um ambiente de trabalho seguro, juntamente com o fornecimento de limites e o estabelecimento de regras e padrões. Uma vez atendidos os dois níveis básicos de necessidades, os sentimentos de pertencer à empresa e de ser amado tornam-se necessidades incentivadoras. Satisfeitas essas necessidades, o estímulo vem da autoestima, o que inclui a necessidade de sentir-se valorizado(a), tratado(a) com respeito, apreciado(a), encorajado(a), tendo seu trabalho reconhecido, premiado(a), e assim por diante. Dessa maneira, satisfeitas essas necessidades, a próxima passa a ser de autorealização.

O que se pode deduzir é que autorealizar-se é tornar-se o melhor que se pode ser ou é capaz de ser. Logo o líder deve incentivar e dar condições para que as pessoas se tornem o melhor que podem ser.

3. OS MODELOS

"Autoridade: sem ela o homem não pode existir e, no entanto, ela traz consigo tanto o erro como a verdade" – Goethe

A história da humanidade está repleta de exemplos de personalidades notórias que utilizaram o poder e a autoridade para influenciar de diversas maneiras os mais variados povos com suas respectivas culturas em vários seguimentos da sociedade no decorrer dos séculos. Alguns foram rotulados de santos, outros de tiranos, outros de subversivos, mas independentemente da filosofia e metodologia que usaram, foram capazes de induzir grandes massas de pessoas com suas idéias, conceitos e exemplos.

Mesmos nos dias de hoje, muitas pessoas, inclusive os que estão na condição de liderado entendem que o processo de liderar deve ser aceito por todos sem nenhuma divergência de pensamento, porém vale a máxima: "é necessário divergir para convergir".

Muitos estudos têm tentando, a partir dos "modelos" reconhecidos de liderança, identificar quem foi o maior líder de todos os tempos.

Do ponto de vista estatístico e histórico, Jesus Cristo foi o maior líder que já existiu, pois atualmente, mais de dois bilhões de pessoas se dizem cristãos. A segunda maior religião do mundo, o islamismo, é menos da metade menor do que o cristianismo. Dois dos maiores dias santos dos paises com religiões predominante cristã, Natal e Páscoa, são baseados em eventos da vida de Jesus, e o calendário ocidental tem como base o nascimento Dele, há mais de dois mil anos. Independentemente de preferências religiosas, é impossível negar que Jesus influenciou e continua a influenciar, mesmo depois de sua morte, bilhões de pessoas. Nenhuma outra personalidade que exerceu ou exerce liderança sobre as pessoas, está se quer próximo do segundo lugar.

Curiosamente, o próprio Jesus disse que para ser servido, é preciso servir.

Outro exemplo de liderança foi Mahatma (grande alma) Gandhi, que viveu em um país oprimido, com cerca de um bilhão de pessoas, a Índia, uma nação escrava do Império Britânico. Gandhi declarou que obteria a independência da Inglaterra sem recorrer à violência (*ahimsa*), muitos zombaram dele. Mas Gandhi sabia que tinha que chamar a atenção do mundo para que as pessoas pudessem começar a ver a injustiça do que estava acontecendo na Índia, ele disse a seus seguidores que teriam que se sacrificar para servir à causa da liberdade. Ele lhes disse que teriam que suportar dor e sofrimento nessa guerra não violenta de desobediência civil, exatamente igual à dor e ao sofrimento de todas as guerras. Estava convencido de que eles não podiam perder. Gandhi serviu pessoalmente à causa e se sacrificou muito por ela. Foi preso e açoitado por seus atos de desobediência civil. Fez muitos jejuns rigorosos para chamar a atenção sobre a situação da Índia. Serviu à causa e se sacrificou por ela, pela liberdade do país, até o mundo tomar conhecimento. Finalmente, em 1947, não apenas o Império Britânico deu a independência à Índia como recebeu Gandhi em Londres, com uma parada de herói. Ele fez tudo sem recorrer a armas, violência ou poder. Usou apenas sua influência.

O conhecido pastor Martin Luther King Jr. foi outra figura histórica. Poucas pessoas sabem que Luther King foi à Índia no final dos anos 1950 para estudar os métodos de Gandhi. O que ele aprendeu causou grande impacto no Movimento dos Direitos Civis dos Estados Unidos da América, no princípio dos anos 1960. Nessa época, no Sul desse país, os negros tinham que se sentar na parte de trás do ônibus, em setores especiais nos restaurantes, beber em bebedouros separados e suportar humilhações ainda piores. Luther King reconheceu que não tinha poder para fazer nada a respeito disso. Mas, como Gandhi, acreditava que se sacrificando pela causa ele poderia chamar a atenção da nação para as injustiças que os negros suportavam. Alguns outros, como Malcom X e os *Black Panthers*, tentaram contrapor poder com poder, sem sucesso. A genialidade de Luther King consistiu em afirmar que podia conquistar direitos civis para os negros sem usar violência. Muitos riram dele também. Ele sofreu incontáveis ameaças de morte, de violência à sua família, passou tempo na prisão por sua desobediência civil, e até sua casa e sua igreja foram bombardeadas. Apesar disso Luther King e o Movimento dos Direitos Civis conseguiram muitos avanços em poucos anos. Luther King foi o homem mais jovem a ganhar o Prêmio Nobel da Paz. Foi o Homem do ano da revista Times, o primeiro negro americano a receber essa distinção. É impressionante o que Luther King conseguiu sem recorrer ao poder.

Embora haja também por aqui diversos tipos de liderança, para tornar mais didático, próximo da realidade brasileira e facilitar o entendimento, serão abordados os estilos de liderança, nos capítulos seguintes, de duas personalidades (líderes) brasileiras bem conhecidas. A primeira é Irmã Dulce, a pequenina feira baiana, desprovida de recursos e qualquer poder formal, vivia para servir o próximo, e assim arrebatava multidões e os inspirava para a sua causa. A segunda personalidade é Jair Messias Bolsonaro, desprovido de qualquer autoridade moral, mas imbuído de quase todo poder formal que o cargo de presidente lhe confere, exige fidelidade, humildade e deferência dos subordinados. Estilos bem distintos e contraditórios de liderança.

O papel do(a) verdadeiro(a) líder é servir, isto é, identificar e satisfazer as necessidades legítimas, e nesse processo será preciso freqüentemente fazer sacrifícios por aqueles a quem serve.

Ainda há grande preconceito e sensação de desconforto quando se fala em amor no mundo corporativo, tal acontecimento deve-se ao fato das pessoas associarem a palavra amor a um sentimento e não a um comportamento.

O amor é sempre fundamentado na vontade. É possível definir essa palavra em uma fórmula mencionada por Ken Blanchard, no clássico, O Gerente Minuto, escrito em 1982:

INTENÇÕES - AÇÕES = NADA.

Todas as boas intenções do mundo não significam coisa alguma se não forem acompanhadas por ações.

A vontade é a resultante das intenções somadas às ações, segundo Blanchard:

INTENÇÕES + AÇÕES = VONTADE.

Só quando as ações das pessoas estiverem de acordo com suas intenções é que elas se tornarão indivíduos harmoniosos e líderes coerentes.

Já a empatia - uma das vertentes do amor - é a capacidade de colocar-se no lugar do(a) outro(a). De acordo com Daniel Goleman, autor de Inteligência Emocional (1995), empatia é "perceber o que outras pessoas sentem sem que elas o digam" e carecer de empatia é sofrer de "surdez emocional", ou seja, não ser capaz de entender a linguagem das emoções e sentimentos das pessoas ao redor.

A liderança começa com a vontade, que é a única capacidade que o ser humano têm para sintonizar suas intenções com suas ações e escolher os seus comportamentos. É preciso ter vontade para escolher amar, isto é, sentir as reais necessidades - ter empatia -, e não os desejos, daqueles que se lidera. Quando se serve e se sacrifica pelos outros, exerce-se autoridade e influência. E quando se exerce autoridade, usando os elementos: "amor corporativo" e empatia com as pessoas, ganha-se o direito de ser chamado de líder.

Modelo de Liderança

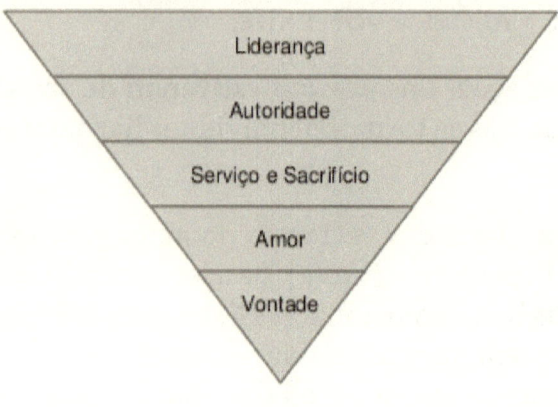

Fig. 3.1

4. TIPOS DE LÍDERES

"Para quem só sabe usar martelo,
todo problema é prego" – Maslow

N o mundo corporativo, sabe-se da importância de uma boa gestão para a produtividade e motivação dos times para o sucesso dos negócios. É possível encontrar muitas empresas atuando fortemente em iniciativas e estratégias para identificar e preparar suas lideranças de modo que elas sejam capazes de assumir equipes de forma segura e eficaz.

Todavia, é necessário entender que existem diferenças entre os estilos de liderança, ou seja, tipos de líderes com características e habilidades específicas. Dessa forma, é essencial que o(a) gestor(a) compreenda esses estilos e se reconheça em um determinado perfil, para poder atuar no próprio aprimoramento profissional e autodesenvolvimento. O estilo de liderança pode definir não só a trajetória da carreira corporativa, mas também interferir no futuro das empresas.

A seguir, os tipos de líderes - e seus respectivos estilos de lideraça - comteporâneos mais comuns nas empresas:

O(a) Autoritário(a)

É mais conhecido(a) como chefe. Quase sempre com o chicote na mão, normalmente é centralizador(a), pouco flexível, além de individualista. Opta por manter certa distância dos empregados (é assim como ainda os trata), o que dificulta a criação de vínculos, relação de respeito e confiança.

Esse tipo de líder foca apenas nos resultados, mas não se dedica, nem constroi meios sustentáveis e saudáveis, por meio das pessoas, para alcançar as metas traçadas. Esse tipo de "chefia" prejudica sensivelmente o clima organizacional. Felizmente, já é considerado um perfil ultrapassado, ineficiente e quase extinto - em grande parte das organizações.

O(a) Técnico(a) ou Especialista

É o tipo que conquistou oportunidades pelo seu conhecimento técnico e saber-fazer (*know-how*), colabora bastante para a solução de problemas e para o dia a dia das empersas. Porém, muitas vezes, não tem competências comportamentais necessárias para conduzir equipes, como negociação, empatia e equilíbrio emocional.

Em casos como esse, é fundamental tentar equilibrar as habilidades técnicas com as de líder.

O(a) Liberal

Basea-se na maturidade das equipes, não existe uma supervisão constante. Delega atividades e abre espaço para a inovação e para o pensamento criativo.

É um estilo considerado, por vezes, polêmico, pois para que funcione bem, é preciso que o(a) gestor(a) conheça profundamente cada membro da equipe e perceba, além do comprometimento e capacidade de autogerenciamento, já que corre o risco de se tornar um(a) líder negligente e pouco participativo(a), principalmente, em situações críticas, que exigem decisões assertivas e urgentes.

O(a) Democrático(a)

Incentiva à participação ativa dos times, inclusive no processo decisório. Assim, a gestão passa a ser bastante colaborativa, porém é preciso definir bem os papéis para que haja organização e disciplina. O estilo costuma trazer impactos positivos em indicadores relacionados à motivação e no engajamento dos colaboradores.

O(a) Carismático(a)

Adota quase sempre uma atitude positiva, demonstrando entusiasmo, otimismo, dedicação e humildade. Age com imparcialidade e ética. Segundo a filósofa Marilena Chaui, ética é "o que você faz quando está todo mundo te olhando. O que você faz quando não tem ninguém por perto chama-se caráter". O(a) líder carismático(a) é capaz de conquistar a lealdade de muitos e de incentivar as equipes a adotarem uma postura semelhante.

O(a) Meritocrático(a)

Fundamenta sua gestão na meritocracia - modelo de hierarquização e premiação baseado nos méritos pessoais de cada indivíduo. Acompanha com atenção a performance dos times, utilizando indicadores e metas. Os colaboradores com melhor desempenho ganham reconhecimento e destaque, os que ficam abaixo das expectativas, recebem um monitoramento diferenciado e orientação.

Apontada por algns como o tipo de liderança justa, que privilegia os profissionais mais competentes e alinhados, também favorece a produtividade coletiva e individual.

O(a) Motivador(a)

Capaz de engajar a equipe aos objetivos da empresa, além de integrar, motivar e contagiar, sempre com foco no desenvolvimento do time e nos resultados a serem alcançados. Costuma ser um(a) grande comunicador(a). É o tipo de gestão muito importante em momentos difíceis e/ou de crise, quando as tensões e a insegurança aparecem com mais força e frequência.

O(a) *Coach*

Embora o termo *coach* tenha ganhado sentido pejorativo nos últimos devido a alguns maus profissionais que usaram indevidadmente o termo, é considerado como o mais completo e eficiente dos tipos, pois alia liderança e conceitos de *coaching* - como ajudar um(a) aprendiz ou cilente a alcançar determinado objetivo.

Demonstra competências comportamentais importantes, como autoconhecimento e maturidade, possui metas bem definidas e suas ações têm propósitos firmes e bem definidos.

É capaz de lidar com conflitos, diferentes obstáculos e pressões do cotidiano. Explora bem as potencialidades de cada colaborador, formando equipes mais confientes e preparadas.

Como ser um(a) Líder Admirado(a) pelo Time, independentemente do Perfil Profissional

Independe do tipo de líder em que um determinado perfil profissional se encaixe, é essencial que ele(a) seja respeitado(a) e admirado(a) por seus liderados. Por estar na posição mais alta, o(a) líder é responsável por comandar e guiar o time. Para conseguir tal objetivo é necessário que seus comandados o(a) enxerguem como uma referência, pessoa de valor e digna de admiração.

Quatro dicas para auxiliar o(a) líder a conquistar a lealdade e o respeito de toda a equipe:

1. Seja Honesto(a) e Transparente

Em tempos de *Fake News* (desinformação), quando informações incompletas e/ou meias-verdades podem tomar lugar-comum dentro da equipe e, se isso acontecer, abre-se espaço para que fofocas e boatos se espalhem como um vírus contagioso. Isso, além de minguar os relacionamentos entre os integrantes do time, pode atrapalhar bastante o desempenho da equipe.

Cabe a ele(a) mostrar-se como pessoa honesta e transparente, que é vista como uma pessoa admirável e confiável pelos comandados. Isso inclui dizer sempre a verdade, por pior que seja.

2. Em vez de Comandar, Incentive

Quem passa dando ordens a tudo e a todos passa a impressão de ser autoritário(a) e não estar envolvido(a) com o time. Por outro lado, quem incentiva em vez de comandar aumenta a autoestima da equipe, melhora o clima organizacional e aumenta a produtividade e esforços de todos.

É importante destacar que o incentivo deve estender-se também à questão da capacitação dos colaboradores. Devem ser estimulados por meio de treinamentos, incentivados a desenvolverem as suas competências e habilidades também com a ajuda de bônus.

3. Lidere pelo Exemplo

Os liderados devem enxergar seu(a) líder como exemplo a ser seguido. A hipocrisia, falsamente chamada de máxima "faça o que eu digo, não faça o que eu faço" não cabe em lideranças corporativas de nenhum tipo. A competência, responsabilidade, valores, atitudes no dia a dia e postura demonstradas pelo(a) líder são o que fazem com que ele(a) seja respeitado(a) e admirado(a) ou não por todos.

Com efeito, é fundamental que o(a) líder não desvirtue as responsabilidades, mesmo quando algo não der certo e não for culpa dele(a). O(a) verdadeiro(a) líder ajuda a equipe a se desenvover e se reerguer, fundamental para demonstrar a proatividade que ele(a) deseja ver nos colaboradores e a vontade de ver a empresa crescer.

4. Dê *feedback*

Toda e qualquer pessoa gosta de ter o seu trabalho admirado e reconhecido. Diante isso, um(a) líder que dá *feedbacks* constantes ao seu time, elogiando e incentivando os bons resultados alcançados é visto como uma pessoa digna de admiração.

Da mesma maneira, saber dar *feedbacks* positivos e construtivos quando algo não vai bem, mostrando onde estão os erros e quais caminhos seguir para melhorar o desempenho, demonstra que o(a) líder é uma pessoa envolvida e preocupada com a equipe.

É importante lembrar-se de que os *feedbacks*, por normalmente serem negativos ou positivos, devem funcionar também com uma ferramenta para que o colaborador melhore seu desempenho.

E você, que tipo de líder é e qual gostaria de ser?

5. OS VERBOS

*"Mais importante do que o que
eu digo, é o que você entende"
– Anaximandro Melo*

Grande parte dos idiomas hoje existentes deriva do grego e do latim, que serviram de base para o desenvolvimento das atuais estruturas idiomáticas conhecidas. Embora muito tenham evoluído essas derivações, não foi possível evitar inúmeros transtornos e mal entendidos em termos de interpretação. Ainda hoje, muitas passagens transcritas em documentos antigos são pesquisadas pelos estudiosos que ora interpretam duma forma, ora recorrem à contextualização dos registros na época em que foram escritos, para tenta chegar o mais próximo possível do seu significado real.

O livro mais vendido no mundo até hoje, a Bíblia, foi originalmente escrito em grego, e os gregos usavam várias palavras diferentes para descrever o multifacetado fenômeno do amor. Uma das palavras usadas era *eros*, da qual se deriva a palavra erótico, que significa sentimentos baseados em atração sexual e desejo ardente. Outra palavra grega para amor é *storgé*, que significa afeição, especialmente com a família e entre os seus membros. Nem *eros* nem *storgé* aparecem nas escrituras do Novo Testamento. Ainda outra palavra grega utilizada para amor era *philos*, que pode significar fraternidade ou amor recíproco. Uma espécie de amor condicional, do tipo "você me faz o bem e eu faço o bem a você". Finalmente, os gregos usavam o substantivo *ágape* e o verbo correspondente *agapaó* para descrever um amor incondicional, baseado no comportamento com os outros, sem exigir nada em troca. É o amor da escolha deliberada. Quando Jesus fala de amor no Novo Testamento, usa a palavra *ágape*, um amor traduzido pelo comportamento e pela escolha, e não no sentimento do amor como é conhecido. Sendo assim, parecerá inútil tentar mandar alguém ter um sentimento ou emoção por alguém, contudo será possível solicitar-lhe que se comporte amorosamente e com paciência com o outro, ser honesto e respeitoso, embora a outra pessoa opte por comportar-se mal. Neste sentido, tudo indica que Jesus não queria dizer que se deve fazer de conta que as pessoas ruins não são ruins, ou se sentir bem a respeito de pessoas que agem indignamente. O que ele queria dizer era que se deve comportar bem em relação a elas, independentemente do que elas façam. Dizer e fazer em relação a amar, não é a mesma coisa. Não se pode controlar o que se sente a respeito de outra pessoa, mas é possível controlar como se comporta em relação a elas.

É possível encontrar na primeira Epístola aos Coríntios (São Paulo, 13:107,13), uma boa definição para amor. Em essência, a mensagem diz que o amor é paciente, bom e não se gaba, nem é arrogante, não se comporta inconvenientemente, não quer tudo só para si, não condena por causa de um erro cometido, não se regozija com a maldade, mas com a verdade, suporta todas as coisas e aguenta tudo. Poematizada por Luiz Vaz de Camões no século XXI (1524-1580) e depois cantada por Renato Russo (1960-1996) na música Monte Castelo, lançada em 1989.

Amor *agapé* e liderança são sinônimos e as palavras caridade e serviço definem melhor *agapé* do que a definição de amor que se encontra nos dicionários.

Outras palavras contemporâneas também ajudam a definir melhores os atributos necessários para líder como paciência, bondade, humildade, respeito, abnegação, perdão, honestidade, compromisso, serviço e sacrifício, que têm os seus significados expostos de forma sucinta no quadro a seguir:

AMOR E LIDERANÇA

Paciência	Mostrar autocontrole.
Bondade	Dar atenção, apreciação e incentivo.
Humildade	Ser autentico e sem pretensão ou arrogância.
Respeito	Tratar os outros como pessoas importantes.
Abnegação	Satisfazer as necessidades dos outros.
Perdão	Desistir de ressentimento quando prejudicado.
Honestidade	Ser livre de engano.
Compromisso	Sustentar suas escolhas.
Resultados: Serviço e Sacrifício	Pôr de lado suas vontades e necessidades; buscar o maior bem par os outros.

Tab. 4.1

O(a) líder deverá criar um ambiente seguro, em que as pessoas possam cometer erros sem terem medo de serem advertidas de forma grosseira, e fazer com que as pessoas se responsabilizem por suas tarefas, apontando suas deficiências sem ferir a dignidade dos outros. E ser ouvinte ativo e dar atenção às pessoas de forma disciplinada.

Há quatro maneiras essenciais de se comunicar com os outros - ler, escrever, falar e ouvir. As estatísticas mostram que na comunicação uma pessoa gasta em média sessenta e cinco por cento do tempo ouvindo, vinte por cento falando, nove por cento lendo e seis por cento escrevendo. No entanto, inexiste qualquer esforço para ensinar a prática de ouvir. E esta é a habilidade que as crianças – futuros líderes e liderados - precisarão usar mais na vida adulta. Um faraó egípcio chamado Ptahhotep (2400 aC), disse que: "Aqueles que precisam ouvir os apelos e gritos de seu povo devem fazê-lo com paciência. Porque as pessoas querem muito mais atenção para o que dizem do que para o atendimento de suas reivindicações".

A humildade é fundamental para o bom relacionamento do líder com seus liderados, já que a arrogância é uma pretensão desonesta, porque ninguém sabe tudo ou tem tudo. Humildade é pensar menos a respeito de si mesmo. Os líderes também devem escolher se desejam dedicar-se àqueles que lideram. Se assim procederem, deverão tratar bem todas as pessoas independentemente de qualquer situação ou *status* social e interessar-se pelo sucesso dos que lidera, que refletirá no próprio avanço.

Qualquer pessoa em posição de liderança deveira abandonar por comleto o apego injustificado ao *status* que o cargo proporciona, pois trata-se de uma ilusão, condição passageira, percepção turva e superficial dos fatos, já que a pessoa não é o cargo, só o está ocupando. Há um pensamento - autor desconhecido - que ilustra bem a afirmação, segundo ele *status* é "comprar o que você não quer, com o dinheiro que você não tem, para mostrar para pessoas que você não gosta, aquilo que você não é".

Tudo que o(a) líder faz envia mensagens. Uma pessoa que se

atrasa, por exemplo, está enviando muitas mensagens. Uma é que o tempo dela é mais importante do que o de quem a espera, que pode ser considerada uma mensagem arrogante. A outra é que quem espera não deve ser muito importante para quem se atrasa, pois ela certamente seria pontual com alguém que considerasse importante. Há por trás desse contexto uma idéia de honestidade, porque as pessoas honestas cumprem sua palavra e respeitam os compromissos, inclusive os de tempo. Outro fator importante para quem lidera é o exemplo. Ninguém convencerá as pessoas, exigindo que se comportem de determinada maneira, enquanto ela própria se comporta de outra forma.

A abnegação tem como contraponto o egoísmo, que significa dizer que "minhas necessidades primeiro, depois as suas". O líder deverá satisfazer as necessidades legítimas dos outros antes das suas, já que para ser servido é necessário antes servir.

Desistir de ressentimento quando alguém engana é outro ponto importante. Significa dizer que se deve ter um comportamento afirmativo quando esse tipo de situação acontecer, que consiste em ser aberto, honesto e direto sem ser desrespeitoso com as pessoas. Perdoar é lidar de um modo afirmativo com as situações que aparecem e desapegar-se de qualquer ressentimento.

Ser honesto é estar livre de engano, e honestidade está diretamente ligada à confiança, que é a base para qualquer tipo relacionamento.

O(a) líder deve ser compromissado(a) com suas atividades e comportamentos, pois senão houver compromisso, provavelmente desistirá de exercer autoridade e voltará à posição de poder.

Inevitavelmente o(a) líder terá que sacrificar o(a) seu mau humor e o seu ego em determinados momentos para poder dedicar-se ao crescimento e aperfeiçoamento dos seus liderados em razão do comprometimento. E esse serviço e sacrifício construído sobre o amor incondicional é que constrói a autoridade, pois é por meio desse processo que se conquista o legítimo direito de ser chamado(a) de líder.

6. A AMBIÊNCIA

"O meio nos influencia, mas somos responsáveis pelos nossos atos" – Johnny De' Carli

Muito se tem estudado e discutido sobre o fator ambiente na vida e no comportamento do ser humano. Estudos e pesquisas antigas e recentes chegam a se contradizer em alguns pontos, porém é sabido que de alguma forma o ambiente exerce algum tipo de influência sobre as pessoas.

Os sociólogos chamam de *práxis* os comportamentos de derivados dos sentimentos e pensamentos. Pensamentos positivos dependem de sentimentos positivos, que por sua vez dependem de comportamentos positivos, que quase sempre só são possíveis em ambientes positivos.

Criar um ambiente saudável é muito importante para possibilitar o crescimento saudável, especialmente para os seres humanos. E isso é verdade para os grupos como família, empresa, forças armadas, esporte, comunidade religiosa e na própria sociedade.

O(a) líder deverá perceber a sua área de influência como um jardim que precisa de cuidados. Ele estará constantemente atento às necessidades desse ambiente, que o obrigará a fazer perguntas como: do que o ambiente preciso para melhorar? É necessária consideração, reconhecimento e elogios nesse ambiente? Há algo que precisa ser eliminado ou exterminado?

É comum observar que muitas pessoas esperam resultados rápidos, em curto prazo, independentemente de terem "investido" no ambiente. Ficam impacientes e desistem do esforço antes que os resultados tenham a chance de aparecer, e eles só surgirão quando estiverem prontos.

Existe uma metáfora de "contas bancárias relacionais", que está presente no *best-seller* de Stephen Covey, Os 7 Hábitos de Pessoas Altamente Eficazes (1990). Nas contas bancárias financeiras faz-se depósitos e retiradas, esperando nunca ficar "descoberto". A metáfora ensina a importância de manter saudável o equilíbrio dos relacionamentos com as pessoas dos ambientes em que se convive, inclusive com as que são lideradas. Quando se conhece uma pessoa, o saldo da conta de relacionamentos com ela é neutro, porque será iniciado um relacionamento. À medida que o relacionamento amadurece, porém, fazem-se depósitos e retiradas nessas contas imaginárias, baseados na forma como as pessoas se comportam. Por exemplo, fazem-se depósitos nessas contas sendo confiáveis e honestos, dando às pessoas consideração e reconhecimento, mantendo-se a palavra, sendo bons ouvintes, não falando de outras pessoas pelas costas, usando a simples cortesia de um "olá", "por favor", "muito obrigado", "desculpe-me", etc. Faz-se retiradas sendo agressivo, descortês, quebrando promessas e compromissos, "apunhalando os outros pelas costas", sendo mau ouvinte, cheio de empáfia, arrogânte.

A idéia de conta relacional também demonstra porque se deve elogiar as pessoas em público e nunca puni-las em público no ambiente de trabalho, porque quando se pune uma pessoa publicamente, é óbvio que ela será envergonhada na frente de seus colegas, que significa uma enorme retirada da conta de quem o faz. Mas, além disso, quando se humilha alguém em público, também se faz uma retirada da própria conta relacional com todos aqueles que presenciam, porque "chicotadas" em público são constrangedoras e horríveis de presenciar, e as pessoas se perguntam: "Quando será a minha vez?" Neste sentido, uma das formas mais eficientes de fazer retiradas relacionais é punir alguém publicamente. O mesmo princípio é válido quando se elogia, considera-se e reconhece-se alguém publicamente. Não apenas faz-se um depósito na conta com a pessoa que se elogia, mas também se faz depósitos nas contas que se tem com aqueles que observam, pois todos estão sempre observando o que o líder faz.

Embora se possa entender que o poder é nocivo e desnecessário, ele também é importante em muitos setores de convívio humano. O líder de uma organização é responsável pelo ambiente que existe em sua área de influência e recebe poder para cumprir com sua responsabilidade. Portanto quem tem o poder, pode determinar o comportamento dos seus liderados.

Não é possível mudar ninguém, todavia é possível motivar e demonstrar as outras pessoas por meio do próprio exemplo que, nada mudará se elas não mudarem a si mesmas. Há um sábio ditado nos Alcoólicos Anônimos que diz: "A única pessoa que você pode mudar é você mesmo". Motivação é um tipo de comunicação capaz de influenciar escolhas. Como líder, pode-se fornecer todas as condições, mas são as pessoas que devem fazer as suas próprias escolhas para mudar.

O melhor que se pode fazer é fornecer o ambiente adequado e provocar um questionamento que leve as pessoas a se analisaram para poderem fazer suas escolhas e quererem, mudar, crescer, progredir.

Os ambientes são favoráveis e responsáveis pela criação das condições adequadas para que o crescimento dos que nele estão, se dê.

7. AS ESCOLHAS

*"Quando você tem de escolher
e não escolhe, já é uma escolha"*
– William James

O conhecimento tradicional ensina que os pensamentos e os sentimentos dirigem o comportamento dos indivíduos. Sabe-se que pensamentos, sentimentos e crenças (paradigmas), exercem alguma influência sobre o comportamento humano. A práxis diz que o oposto também é verdadeiro. O comportamento também influencia os sentimentos.

Quando as pessoas se comprometem a concentrar atenção, tempo, esforço e outros recursos em alguém ou algo durante um certo tempo, começa-se a desenvolver sentimentos pelo objeto dessa atenção, ou seja, os indivíduos tornam-se "ligados" a ele. A *práxis* explica porque se adora criança, bichos de estimação, cigarros, jardinagem, bebida, carros, futebol, etc. As pessoas ficam "presas" a quem ou a que prestam atenção.

O preconceito ainda é um dos paradigmas mais difíceis de ser "quebrado". A idéia preconcebida a respeito de alguém ou de alguma coisa é muitas vezes nociva e criadora de barreiras inexistentes, simplesmente por meras suposições superficiais e infundadas.

A *práxis* também ensina que, quando não se gosta de uma pessoa ou se detesta, a tendência é odiá-la ainda mais. Se isso é verdadeiro, o contrário também o é. Se uma pessoa se compromete a amar outra pessoa e se doar para quem serve, e sintoniza suas ações e comportamentos com esse compromisso, com o tempo, passará a ter sentimentos positivos em relação a essa pessoa. Alguns poderão dizer: "fingir para conseguir".

A *práxis* é justamente fazer com que os sentimentos venham em conseqüência do comportamento.

Manter a benevolência e ser amável com alguém que não se gosta é realmente difícil. Comportar-se de forma educada com pessoas nada educadas poderá parecer impossível, porém esse tipo de comportamento é como fazer crescer músculos no corpo, só que ao invés disso, o indivíduo estará dilatando sua mente, e fará nascer músculos emocionais, que como qualquer outro exercício, requer muita prática.

Normalmente os comportamentos em relação às outras pessoas são condicionados pelo tipo de comportamento que se recebe.

Recentes descobertas da psicologia identificaram o que vulgarmente pode-se chamar de "doenças da responsabilidade". Responsabilidade por definição é a habilidade de dar respostas.

Os neuróticos, por exemplo, assumem responsabilidades demais e acreditam que tudo o que acontece é por culpa deles. "Meu marido é um bêbado porque sou má esposa", ou "Meu filho fuma maconha porque falhei como pai", ou "O tempo está ruim porque não rezei de manhã". Pessoas com problemas de caráter, por outro lado, geralmente assumem muito pouco a responsabilidade por seus atos. Elas acham que tudo o que sai errado é por culpa de outra pessoa. "Meu filho tem problemas na escola por causa dos maus professores", ou "Não posso progredir na companhia porque meu chefe não gosta de mim", ou "Bebo porque meu pai bebia".

O comodismo leva as pessoas a transferirem suas responsabilidades para ou outros.

O grande médico Sigmund Freud, embora tenha dado imensa contribuição ao campo da psiquiatria, plantou as sementes do determinismo que tem dado à nossa sociedade todas as desculpas para os maus comportamentos. Levado ao extremo, determinismo significa que para cada efeito ou evento, físico ou mental, há uma causa. O determinismo estrito diz que, se a causa, física ou mental for conhecida, poder-se-á predizer o efeito. Para fugir à contradição de que os seres humanos essencialmente não fazem escolhas e que o livre-arbítrio é uma ilusão, Freud resolveu dar um passo adiante, e aplicou o mesmo princípio à vontade humana.

Ele acreditava que as opções e ações são determinadas por forças inconscientes das quais nunca se dá conta completamente. Freud afirmou que, se forem conhecidos suficientemente a ascendência genética e o ambiente de uma pessoa, poderá se predizer seu comportamento e até mesmo as escolhas individuais que fará. Suas teorias dinamitaram o conceito de livre-arbítrio. Então, segundo Freud, o lógico é que o determinismo genético perimirá culpar o avô pelos genes ruins de uma pessoa, explicando por que ela é alcoólatra; o determinismo psíquico permitirá culpar os pais por uma infância infeliz que levou alguém a fazer más escolhas; o determinismo ambiental permite culpar o chefe pela desgraçada qualidade de vida profissional, o que explica por que alguém se comporta mal no trabalho! Seguindo essa linha de raciocínio, existem toneladas de novas desculpas para o mau comportamento. Uma justificativa simplista.

Embora os genes e o ambiente tenham efeito sobre as pessoas, elas ainda são livres para fazer suas próprias escolhas.

O homem tem ambas as potencialidades dentro de si: as boas e as más. Porém a que se efetiva, dependerá das suas decisões e não das condições.

O caminho para a autoridade e liderança começa com a vontade. São as escolhas que se faz que aliam as ações às intenções. Fazer escolhas a respeito do comportamento é ter que aceitar a responsabilidade conseqüente dessas escolhas.

Existem quatro estágios necessários para adquirir novos hábitos ou habilidades. Eles tanto se aplicam à aprendizagem de bons e maus hábitos, comportamentos e habilidades.

Estágio	Característica
Primeiro: Inconsciente e Sem habilidade.	Ignora-se o comportamento e o hábito. Estado inconsciente ou desinteressado em aprender a prática, despreparado.
Segundo: Consciente e Sem habilidade.	Consciência de um novo comportamento, mas ainda sem prática. Tudo é ainda desajeitado e antinatural.
Terceiro: Consciente e Habilidoso	Tornando-se cada vez mais experiente e sensação de conforto, já há prática.
Quarto: Inconsciente e Habilidoso	Não é necessário pensar e se esforçar como nos estágios anteriores para fazer.

Tab. 6.1

A capacidade de liderança não fala sobre a personalidade do líder, suas posses ou carisma, mas fala muito do que ele é como pessoa. Liderança não está diretamente ligada ao estilo, mas ao caráter de quem lidera.

Líderes no último estágio (Tab. 6.1) não precisam tentar ser bons líderes, porque já são bons líderes. Nem tem que tentar ser uma boa pessoa, porque já é uma boa pessoa.

O amor e a liderança estão ligados ao caráter, e esse tem como componentes fundamentais para um bom resultado, a paciência, bondade, humildade, abnegação, respeito, generosidade, honestidade e compromisso.

As escolhas são determinantes para os resultados. Há um pensamento interessante que é citado no trecho do filme "A Dama de Ferro" (2011), onde a personagem de Margaret Thatcher refere-se a seu pail, Alfred Roberts, mas na realidade basea-se no texto de Frank Outlaw.

> *"Cuidado com seus pensamentos, pois eles se tornam palavras. Cuidado com suas palavras, pois elas se tornam ações. Cuidado com suas ações, pois elas se tornam hábitos. Cuidado com seus hábitos, pois eles se tornam o seu caráter. E Cuidado com seu caráter, pois ele se torna o seu destino."*

Supõe-se que Frank Outlaw teria sido um autor, escritor e erudito a quem se atribui a autoria do famoso pensamento acima, que supostamente morreu em 1988. Na verdade, há dúvidas se "Frank Outlaw" foi uma pessoa real ou um personagem de ficção. Essa famoso e engenhoso pensamento também foi atribuído a um monge tailandês do século 12, que a teria extraído de um dos livros de Buda.

8. DULCE: A SUPER EXECUTIVA DO AMOR

"As pessoas que espalham amor, não têm tempo nem disposição para jogar pedras" – Irmã Dulce

M aria Rita Pontes, a Irmã Dulce, conhecida por sua ampla Obra Social - e alguns milagres que lhe foram atribuidos -, tivesse atuado no mundo empresarial, seria uma grande executiva.

Uma religiosa que inspirou livros e filmes, agora canonizada e denominada a Santa dos Pobres, só queria ajudá-los.

Sua história é demasiadamente incrível para ser resumida em um único capítulo, não caberia em várias enciclopédias, mas temos a prentensão de apresenta-la aqui sob um novo prisma, como se uma gestora corporativa fosse.

Obcecada por resultados, motivada, era sempre a primeira a acordar e a última a dormir. Estava sempre presente, mesmo na alta gestão do hospital e do orfanato, fazia questão de continuar fazendo os serviços básicos, como limpeza e cuidado com todos. Tinha uma capacidade imensa de execução, com isso gerava uma legião de seguidores (engajados), apaixonados pela sua liderança inspiradora. Quando lhe perguntavam sobre as suas poucas horas de sono, sempre respondia: "meu patrão é exigente". Liderava pelo exemplo.

Estava acima das paixões e julgamentos, ela se relacionava com todas as esferas da vida privada ou pública. Era extremamente criativa para ter acesso às pessoas, jamais emitia opiniões políticas, procurava e recebia pessoas de todas as posições, era uma "pedinte" contumaz e muito carismática. Para ela não importava a "cor" do dinheiro, desde que ele fosse usado para confortar e salvar vidas. Era prática.

A pequenina freira tinha um mantra, jamais recusava um paciente, independente da doença, origem ou da ocupação do hospital. Vivia em função de promover o bem, não media esforços e nunca perdia o foco. Lições de humildade para atingir este propósito não faltaram. Em certa ocasião, ao pedir doação em dinheiro para um comerciante, este ao vê-la com a mão estendida, "pagou-lhe" com uma cusparada. Ela limpou a mão e a estendeu novamente dizendo: "isso foi para mim, agora o que o senhor vai dar para os meus pobres?". Isso é uma lição de propósito bem definido!

Uma história com o ex-presidente, João Baptista de Oliveira Figueiredo (1918-1999), ilustra bem este pragmatismo e como ela era bem-humorada e espirituosa. Emocionado com a obra realizada pela freia, ao receber um pedido de ajuda financeira, o rústico presidente disse que arranjaria o dinheiro, nem que tivesse que assaltar um banco. Imediatamente Irma Dulce respondeu: "pois o senhor me avise que eu vou com o senhor".

Atualmente as Obras Sociais Irmã Dulce fazem cerca de 2,2 milhões de atendimentos ambulatoriais por ano, possuem aproximadamente 960 leitos hospitalares, empregam 3 mil funcionários, incluindo médicos e abrigam mais de 780 crianças e adolescentes no Centro Educacional.

Tudo começou em 1949, usando o galinheiro que ficava ao lado do convento.

A presença de espirito e o carisma de Irmã Dulce pareciam não ter fim, quando sua superiora autorizou que ela abrigasse os doentes no galinheiro, lhe fez uma pergunta: "Onde você vai pôr as galinhas?", ao que prontamente ela respondeu: "Não se preocupe, não, as galinhas já estão na barriga dos doentes".

Sem recursos, irmã Dulce usou de sua autoridade moral para fazer a diferença na vida de milhares de pessoas, mesmo não dispondo de nenhum poder formal.

Imagine o que ela faria atualmente se tivesse formação em negócios, acesso a aplicativos de comunicação e Mídias Sociais.

9. O CAPITÃO

"Se é pra cair, vamos cair atirando"
– Capitão Nascimento

Considerado por muitos como o messias, salvador e redentor da política Brasileira, Jair Bolsonaro venceu as eleições de 2018, mas segundo especialistas em mercado e política, alguns meses antes de sua vitória, o atual presidente do Brasil, receberia um *impeachment* seis meses após assumir o mandato, por seu estilo exótico e sem filtros de conduzir qualquer coisa e de se manifestar, entre outras razões. Até o presente momento, em que o país continua assolado, mas nao mais totalmente paralisado pela pandemia de Coronavírus, que causa a COVID-19, ainda não foi impichado.

Os mais experientes senadores da república, tambem chamados de "cabeças-branca", juram de pé juntos que, fazer política é uma arte, porém quem já trabalhou ou atua na área sabe que na prática, fazer política também inclui a árdua tarefa de administrar egos e vaidades diariamente.

Não temos a intenção aqui de esgotar um assunto tão amplo e complexo, capaz de polarizar o país nos últimos anos, mas apenas de apresentar uma breve análise sobre o incomum estilo de 'liderança' do gestor-mor da pátria do cruzeiro.

Jair Bolsonaro é capitão da reserva do Exército e o 38º presidente eleito do Brasil. Formado pela AMAN - Academia Militar das Agulhas Negras (1977), com aperfeiçoamento na EsAO - Escola de Aperfeiçoamento de Oficiais do Exército brasileiro, sem instrução formal em gestão e formado em Educação Física (1983) pelo Exército, foi deputado federal por sete mandatos (1991-2018). Bolsonaro, não tem um ou mais estilos de liderança bem definidos ou dentro dos modelos formais mapeados, transita entre um e outro e quase sempre foge da normalidade - estabelecendo assim um novo padrão.

Rotulado de impulsivo, populista, rústico, temperamental, machista, homofóbico, irônico e até de alienado, foi capaz de aglutinar legiões de fãs nas redes sociais - onde aliás é seu território seguro e preferido para os pronunciamentos (*lives*) feitos até o momento e desde a época de campanha, quando era desacreditado e menosprezado pela grande mídia -, resultando na sua eleição para presidente da república, para a glória para uns e desespero de outros.

Tem enorme capacidade de engajamento: ganhou milhões de adeptos e simpatizantes (seguidores) por discursar contra a onda de corrupção sistematizada nos governos anteriores - há décadas -, mas principalmente por se opor com avidez à esquerda e seus líderes.

Peca e desconversa quando o assunto é economia, fez até o Posto Ipiranga mudar de *slogan*. Quando o assunto é saúde, pede-se vênia. Falastrão, empírico e fanfarrão, quase sempre debochado, desautoriza ministros e órgãos de sua desastrada gestão. Aparentava ser um dos poucos presidentes da república - se não o único - com coragem para contrapor o modelo "toma lá, dá cá" e negociatas utilizado há décadas no governo e na relação com empresas de comunicação, mas diante da iminente possibilidade de *impeachment* (causado por ele próprio), fê-lo voltar ao lugar comum - negociando e distribuindo cargos para o "centrão". Com a imprensa, sua relação continua uma "convulsão" diária: "apanha e bate", "belisca e acaricia", elogia quem fala bem, critica quem fala mal.

Pressionado ou não por empresários e pela bolsa de valores (leia-se acionistas), tem adotado, em plena pandemia de Coronavírus, o discurso: "o povo quer e precisa trabalhar". Apesar de impudente, tem uma visão pragmática: se o povo não trabalha e/ou não tem renda - formais ou não -, não há consumo, sem consumo, não há recolhimentos de impostos, sem impostos o governo também para.

Sem nenhuma autoridade moral e com quase todo poder formal que lhe é conferido por lei, está quase sempre mal assessorado por filhos e pelo baixo clero (figuras de pouca ou nenhuma expressão política). Nem sempre é fiel aos seus, "frita" subordinados para se proteger, em bom português, é capaz de dar a mão para salvar o braço.

Contudo, algumas características não se podem negar a respeito de Bolsonaro: para o bem ou mal, lidera pelo exemplo, vai a manifestações - que convoca e desconvoca - e a locais públicos, gerando aglomerações, em plena pandemia e ironiza a imprensa: "vocês também estão todos amontoados ai pra falar comigo".

Estica a corda o tempo todo, usa a tática do "bate e assopra", mede as reações populares, sobretudo as das mídias sociais, e quase sempre recua quando a investida não "pega bem", para, logo em seguida, voltar a atacar - esse é o padrão Jair Bolsonaro de 'gerir' e comandar uma nação com uma população de mais de 209 milhões de habitantes, de acordo com o IBGE (2017).

Obstinado em seus ideais, tem entre seus propósitos varrer a esquerda e o comunismo do Brasil, além de implantar a educação militar em todas as escolas brasileiras. É improvável que consiga um ou outro. Está apenas demonstrando que de líder não tem nada, é mais um - ou mais do mesmo.

Já administrar egos na política não é tarefa simples como aparenta. O presidente já demonstrou não apreciar holofotes por muito tempo destacando seus ministros. Não é possível identificar se é egocentrismo ou paranoia política. Sempre encontra uma forma de tirar rapidamente da linha de frente quem brilha demais. Além dos que já guilhotinou, afastou ou mudou de ministério para ofuscar, como aconteceu com vários dos seus liderados. Quem será o próximo(a)? O nome pouco importa, mas é certo que a guilhotina continuará trabalhando enquanto Bolsonaro permanecer.

Como se diz no *Poker*, fazer um *all-in* - apostar todas as fichas - pode custar caro, além de ser muito arriscado, mas isso não parece ser um problema para Jair Messias Bolsonaro.

Fica a pergunta de um bilhão de dólares: o 'novo estilo' de liderança do atual presidente estará adequado à realidade da política do século XXI, ele permanecerá no poder, sairá mais forte da crise, conseguirá se reeleger ou receberá um *impeachment* ainda durante o mandato?

Não se saberá até que todas as cartas estejam na mesa.

10. OS DESAFIOS DA GESTÃO

"Fazer as coisas certas é mais importante do que fazer as coisas direito" – Peter Drucker

Q uando se examina tudo o que se requer para liderar com autoridade, percebe-se que isso exige muito trabalho, esforço e, sobretudo disciplina. A disciplina exige dedicação e muito trabalho duro, mas em compensação sempre traz bons resultados. O trabalho de tratar os outros com bondade, de ouvir ativamente, de ter e expressar consideração, de elogiar, de reconhecer, de estabelecer o padrão, de deixar claras as expectativas, de dar às pessoas condições para manterem o padrão estabelecido, isso de fato é uma missão diária muitas vezes árdua.

O que é mais comum e recorrente nas pessoas e, sobretudo nas empresas é o desejo de obter o melhor resultado, no menor tempo, investindo o mínimo possível e fazendo o menor esforço possível. O famoso cientista alemão, Albert Einstein, dizia que "só há um único local aonde sucesso vem antes do trabalho, no dicionário".

Bons resultados só são conseguidos de maneira honesta, com boa dose diária de trabalho disciplinado e com objetivos bem definidos. Sem objetivos definidos, as pessoas costumam desperdiçar suas forças e tempo em ações sem sentido.

Um sábio cristão chamado Saulo (Paulo) de Tarso, escreveu há aproximadamente cerca de vinte séculos, que apenas três coisas importam: fé, esperança e amor. E acrescentou que a maior delas é o amor.

O(a) líder, para ser ajudado a alcançar seus objetivos, deverá primeiramente ajudar os outros, servindo e satisfazendo as necessidades legítimas constantemente, independentes do local, situação ou contexto em que se encontre, sem necessariamente ter que usar uma postura religiosa intensa. Santo Agostinho disse que se deve pregar o evangelho em toda parte aonde se for por meio do exemplo, e usar palavras só quando forem realmente necessárias. Por meio da autodoação, desprendimento do orgulho e do egocentrismo, do sacrifício pelos outros, é que os verdadeiros líderes encontrarão o caminho para construir a influência, conseguindo como conseqüência alcançar objetivos comuns e particulares.

Liderar com autoridade por certo significa arriscar-se mais, pois integrar conceitos religiosos e filosóficos ao ambiente corporativo trata-se de um tema recente e cuja aplicação deve ser feita em doses homeopáticas, para que aos poucos as pessoas se acostumem e absorvam as idéias desse novo modelo de gestão. Fazer com que as pessoas reflitam e façam o que tem de ser feito não é tarefa fácil. Principalmente para o(a)s líderes, que têm a responsabilidade de ter seres humanos confiados aos seus cuidados, e o(a)s liderado(a)s, por sua vez, também devem refletir sobre suas responsabilidades hoje, não quando estiverem em um asilo para velhos. Fazer coisas que permaneçam depois que as pessoas morrem é fundamental para que ela se dê de maneira tranqüila, pois no fim, a única questão importante será a diferença que as vidas dessas pessoas fizeram para o mundo.

Existe ainda a alternativa de seguir a maioria e liderar a maneira antiga do "faça isso ou senão!...". Está claro que os que seguem a maioria nunca serão seguidos por ela.

O grande desafio está em liderar com autoridade, utilizando o amor não no sentido de como se sente, mas em relação a como se comporta em relação aos outros. Agindo-se dessa maneira, as pessoas e as organizações começarão a penetrar o polêmico conceito de alegria, muitas vezes confundido com felicidade. A felicidade é baseada em acontecimentos: se coisas boas acontecem as pessoas ficam felizes, mas se coisas ruins ocorrem elas automaticamente ficam infelizes. Já a alegria é um sentimento muito mais profundo, que não depende de circunstâncias externas. A maioria dos grandes líderes que se apoiaram na autoridade tem falado dessa alegria - Buda, Jesus, Gandhi, Luther King até Madre Teresa. Alegria é satisfação interior e a convicção de saber que se está verdadeiramente em sintonia com os princípios profundos e permanentes da vida. Servir aos outros dessa maneira, liberta as algemas do ego e da concentração em si mesmo, que destrói a alegria de viver.

Conta-se que, certa vez um discípulo desafiou seu mestre a

discursar sobre todos os livros sagrados, enquanto ficava apenas com um dos pés no chão. O sábio, humildemente, aceitou o desafio e, tocando o solo com apenas uma das bases de sustentação, respodeu: "amor". O discípulo, espantado e inconformado com a resposta, indagou: "mas e todos aqueles milhares de páginas, de todos aqueles livros, servem para quê?", ao que, serenamente, explicou o mestre: "apenas para falar sobre o que é o amor".

11. COMO SE TORNAR UM(A) LÍDER SERVIDOR(A)

"Quem não vive para servir, não serve para viver" – Mahatma Gandhi

A expressão CHAR, acrônicmo para conhecimentos, habilidades, atitudes e resultados, termo muito utilizado no âmbito corporativo, e que algumas aparece de forma resumido - sobretudo em processos seletivos - como *skills* (habilidades), é um conjunto atibutos responsável por ampliar o sentido de competência, desejados para que um indivíduo ocupe determinada posição na empresa.

Uma das definições para competência é: "O conjunto de características percebidas nas pessoas, envolvendo comportamentos observáveis e mensuráveis relacionadas ao trabalho, manifestas por meio dos conhecimentos, habilidades e atitudes".

As dimensões da competência, ilustradas na Figura 11.1, compreendem o conhecimento, saber, as habilidades, saber fazer e as atitudes, querer fazer, aliado aos resultados, que são o somatório dos três itens anteriores.

O comportamento humano pode ser desenvolvido tanto quanto o conhecimento técnico. São três as áreas da aprendizagem: conhecimentos intelectuais, habilidades psicomotoras e atitudes afetivas.

Na primeira, cognitiva, predominam os elementos de natureza intelectual, tais como a percepção, o raciocínio, a memória, etc. Nessa aprendizagem distinguem-se conhecimentos e informações.

As habilidades, ou automatismos propiciam ao aprendiz meios de adaptação às novas situações, exigindo menos do trabalho mental. Eles permitem ao indivíduo enfrentar as situações constantes e rotineiras com agilidade, rapidez e economia de tempo e esforço. A aprendizagem de hábitos e habilidades é realizada da mesma maneira que as outras, porém inclui reações de tipo automático e, portanto, necessita da prática para ser atingida.

Esta aprendizagem ocorre concomitantemente às outras aprendizagens. Quem aprende a dirigir um carro, por exemplo, aprendizagem tipicamente motora, aprende, concomitantemente, a gostar ou não de dirigir carro, a respeitar as regras de trânsito, a tomar cuidado com a vida de outras pessoas, que são aprendizagens do tipo afetivo.

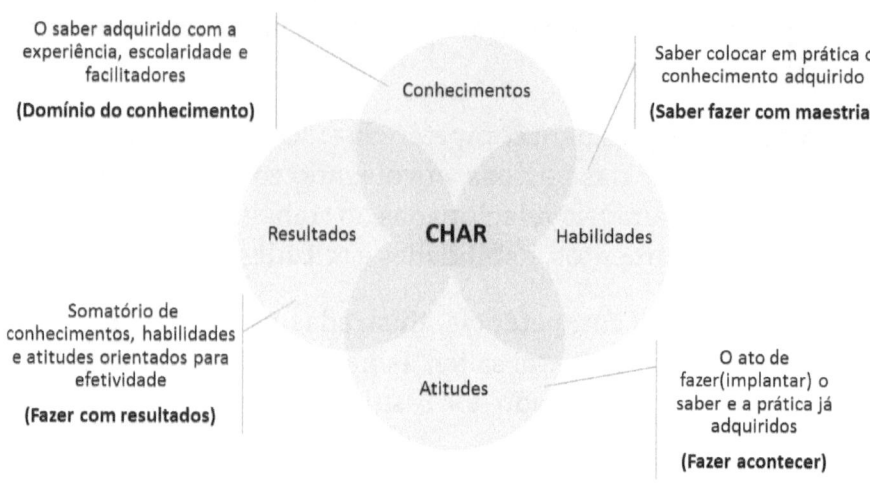

O saber adquirido com a experiência, escolaridade e facilitadores

(Domínio do conhecimento)

Conhecimentos

Saber colocar em prática o conhecimento adquirido

(Saber fazer com maestria)

Resultados **CHAR** Habilidades

Somatório de conhecimentos, habilidades e atitudes orientados para efetividade

(Fazer com resultados)

Atitudes

O ato de fazer(implantar) o saber e a prática já adquiridos

(Fazer acontecer)

Fig. 11.1

Um dos precursores da liderança servidora moderna, o consultor de empresas e gestor de pessoas, James Hunter, autor dos livros: "O Monge e o Executivo" e "Como se Tornar um Líder Servidor", define liderança como a habilidade de influenciar pessoas para trabalharem entusiasticamente visando a atingir os objetivos para o bem comum e que, o(a) líder servidor(a) é aquele(a) com habilidades de identificar e ir ao encontro das legítimas necessidades, e não desejos, dos outros. Essas habilidades podem ser desenvolvidas e adquiridas pelos que não as possuem, desde que sejam seguidas algumas diretrizes, já que a liderança servidora exige **paciência, gentileza, humildade, respeito, altruísmo, perdão, honestidade** e **compromisso**.

A seguir, serão listadas oito competências para alcançar a Liderança Servidora, são eles:

A Paciência

Ter paciência é demonstrar autocontrole ou "controle do impulso", qualidade de caráter essencial para um(a) líder. Sem controle sobre os desejos básicos e caprichos dificilmente se reage corretamente em situações embaraçosas. Para tornar-se líder efetivo é preciso desenvolver o hábito de reagir de acordo com os princípios morais, já que estes refletem atitudes consistentes e previsíveis.

A Gentileza

Gentileza é dispensar atenção, apreciação e encorajamento aos outros ou tratá-los com cortesia. Segundo o filósofo e psicólogo americano William James, os seres humanos têm necessidade de ser apreciados. A própria Madre Teresa disse que as pessoas anseiam por apreciação mais que pelo pão.

A Humildade

A humildade é a ausência de orgulho, arrogância ou pretensão. Oposto à arrogância, à vaidade e ao orgulho, muitas pessoas associam erradamente humildade a passividade, subserviência, modéstia ou até mesmo baixa autoestima. Líderes humildes não sofrem complexo de inferioridade e sabem que não têm todas as respostas.

O Respeito

Tratar todas as pessoas com a devida importância. Eis uma das melhores definições para respeito. Quem está ao redor do(a) líder percebe que ele(a) é capaz de respeitar a todos, sendo pessoas importantes ou não. Respeito não é algo que se ganha quando se torna líder, ao contrário, é conquistado quando se é líder.

O Altruísmo

Altruísmo é atender as necessidades dos outros. Quem se candidata a líder tem de fazer isso. A vontade de servir e de se sacrificar pelos outros, a disposição de abrir mão dos próprios anseios pelo bem maior. O escritor russo Leon Tolstoi tem uma frase que se encaixa à perfeição: "Todos querem mudar o mundo, mas ninguém quer mudar a si mesmo".

O Perdão

O perdão é considerado por muitas pessoas uma estranha habilidade de caráter para constar na lista de liderança. É uma das mais importantes, pois perdoar significa "deixar para lá o ressentimento". Isso não significa se tornar uma pessoa passiva, um capacho para o mundo e, muito menos, aceitar a impunidade ou fingir que qualquer tipo de comportamento é aceitável. Não é ético. Gandhi ressaltou: "Os fracos podem nunca perdoar; o perdão é o atributo dos fortes".

A Honestidade

Não tentar enganar ninguém é o verdadeiro sentido da palavra honestidade. Um dos principais aspectos, também para se manter imune à desilusão, é a maneira como se delega e cobra responsabilidades, assim como a obrigação que o(a) líder tem de ajudar as pessoas a serem o melhor que podem. Deve-se pensar em integridade como uma postura coerente e alinhada em pensamentos, palavras e ações.

O Compromisso

E por fim vem o compromisso, que significa ser fiel à escolha. Ela é uma das importantes qualidades de caráter que um(a) líder servidor(a) deve possuir e, claro, só se torna possível com uma boa dose de força de vontade e comprometimento. O(a)s melhores líderes servidore(a)s são aquele(a)s que cumprem o que assumem. Afinal, seria uma grande incoerência cobrar dos colaboradores e não praticar o exigido.

O(a) líder que serve, é aquele(a) que identifica e satisfaz as necessidades legítimas dos membros da equipe, removendo todas as barreiras para que possam alcançar os objetivos do projeto utilizando as habilidades descritas anteriormente.

CONCLUSÃO

"Estar no poder é como ser uma dama. Se tiver que lembrar às pessoas que você é, você não é" – Margaret Thatcher

A investigação do poder e da autoridade na dinâmica da vida social, pessoal e, sobretudo na de âmbito profissional, demonstra que o poder exerce forte fascínio sobre os indivíduos.

Muitas pessoas desejam ocupar cargos que lhes concedam poder sobre os demais, porém poucas sabem exercer a função com autoridade.

Ter poder não é o mesmo que ter autoridade. O poder é definido como uma faculdade, enquanto autoridade é definida como uma habilidade.

O poder é "... a faculdade de forçar ou coagir alguém a fazer sua vontade, por causa de sua posição ou força, mesmo que a pessoa preferisse não o fazer", e a autoridade é "... a habilidade de levar as pessoas a fazerem de boa vontade o que se quer, por causa de sua influência pessoal".

Para exercer o poder não é necessário ter coragem nem intelecto avantajado. Crianças menores de dois anos, por exemplo, são hábeis em dar ordens a seus pais.

A história da humanidade tem registrado os feitos de muitos "líderes" que exerceram poder. Mas, para ter autoridade sobre pessoas é preciso muito mais que poder, é necessário um conjunto de habilidades especiais.

Uma pessoa pode exercer autoridade mesmo não estando em um cargo de poder, enquanto outra pode estar no poder e não ter autoridade alguma sobre seus subordinados.

Em uma sociedade injusta, o poder pode ser vendido e comprado, dado e tomado.

As pessoas podem ser colocadas no poder porque são parentes ou amigas de alguém, porque têm dinheiro, uma posição social de destaque ou outra conveniência qualquer. Mas com a autoridade isso não ocorre.

A autoridade não pode ser comprada nem vendida, dada ou tomada. Diz respeito a quem se é como pessoa, ao caráter e à influência que exerce sobre outrem.

Para estabelecer autoridade, o(a) verdadeiro(a) líder precisa ser honesto(a), confiável, responsável, respeitoso(a), entusiasta, afável, justo(a), dar bom exemplo, ser bom ouvinte.

Quem não tem autoridade pensa só nas tarefas e exige que suas ordens sejam cumpridas. Quem tem autoridade pensa nas tarefas, mas cuida também dos relacionamentos.

No processo administrativo há sempre essas duas dinâmicas em jogo: a tarefa e o relacionamento.

Atender uma, em detrimento da outra, é caminho curto para o fracasso.

E conseguir o equilíbrio entre ambas é uma característica de quem exerce liderança com autoridade.

Assim sendo, se o(a) líder necessitar lembrar isto às pessoas, é porque ele(a) não é.

Todavia, se ele(a) não estiver no poder e mesmo assim as pessoas buscarem suas orientações, é porque ele tem autoridade.

Liderar é executar as tarefas que estão sob a responsabilidade do(a) líder, ao tempo em que ele(a) constrói bons e duradouros relacionamentos.

Uma vez na vida, todo(a) líder, se ainda são passou, irá passar, em um momento de decisão, pela polêmica questão da unanimidade.

Um conhecido ditado corporativo diz que, em uma reunião com dez pessoas, se nove concordarem em tudo, as nove são desnecessárias.

Como lidar com a unanimidade? É possível precaver-se contra situações que podem escapar à sensibilidade, possivelmente míope, dos envolvidos em uma questão unânime?

Diferente, do supracitado ditado, a estratégia do décimo homem diz que em um grupo de dez pessoas, se as nove primeiras concordarem, a décima deve divergir!

É sempre muito perigoso quando todos, em um grupo, concordam com determinada ideia ou a respeito de qualquer ponto de vista. A concordância de todos parece induzir o aparecimento de uma espécie de "lente social", intrinsecamente míope. Lente essa que passa a estabelecer posicionamentos e opiniões.

A concordância geral ao redor de determinada questão cria uma espécie de tendência que reforça essa concordância. Assemelha-se a um rito tribal, que aguça uma reação social entre todos os "unânimes", para reagirem contra qualquer tipo de voz dissonante dentro do grupo.

Já dizia o grande ícone da dramaturgia brasileira, Nelson Rodrigues, que "Toda unanimidade é burra! Quem pensa com a unanimidade não precisa pensar!". Essa citação ilustra bem a amplitude dos riscos corridos quando se configura uma unanimidade e o mecanismo que contribui para seu estabelecimento. A unanimidade cria zonas de conforto para os "unânimes". Parafraseando o criador da Hierarquia das Necessidades, Abraham Maslow, "para bombeiro que só sabe usar mangueira, tudo é incêndio". Problemas e questões complexas são multidisciplinares, envolvem ponderação de vários campos da ciência.

O Brasil, nos últimos anos, infelizmente entrou em uma guerra ideológica sem fim, e tudo indica que o *loop* ainda está longe de terminar. De um lado, a "indústria dos arrasos textuais", leia-se turma do 'esquerdamente' correto, a favor de todo tipo de ideologia, exceto do bem comum, que não agregam nada no conexto atual. Do outro, a turma da arminha, que idealiza a radicalização incondicional, como se fosse a única alternativa para resolver qualquer problema. Esses - e outros - grupos continuam se degladiando, isolados em suas bolhas, segregando ainda mais, quando deveriam promover a união, na iminente possibilidade do agravamento das crises (saúde e economia). Se houvesse de fato, líderes com autoridade moral nesses grupos, de um lado e de outro, apontariam soluções, não o dedo, mas ao que tudo indica, são cegos guiando cegos.

Bastou outra crise na saúde para o Brasil voltar a apresentar o que tem que de pior: a má gestão pública, em todos os sentidos. O ocidente continua chorando, enquanto a oriente vende lenços.

Pagar de isentão ou isentona, bater panelinha na janela, escrever textão em rede social ou fazer arminha é como peito de homem, não serve para nada! É como tentar resolver uma equação matemática apenas olhando para o papel e para o lápis, mascando chiclete. Problema concreto resolve-se com ação e mão na massa, como dizem os gringos: *hands-on*!

Acerca da tolerância, um dos caminhos (paciência) para a liderança servidora, há em um trecho do poema "Votos", do romancista e poeta brasileiro, Sérgio Jockyman (1930-2011), erroneamente atribuído ao escritor francês, Victor Hugo (1802-1885) com o título "Desejo", publicado em 1978 na Folha da Tarde e depois musicado por Frejat com o título "Amor pra recomeçar" (2001), que diz: "Desejo ainda que você seja tolerante, não com os que erram pouco, porque isso é fácil, mas com aqueles que erram muito e irremediavelmente, e que essa tolerância não se transforme em aplauso nem em permissividade, para que assim fazendo um bom uso dela, você dê também um exemplo para os outros". Tolerar é ser exemplo para liderar e servir.

Em momentos de crise, reconhece-se o(a) verdadeiro(a) líder quando o(a) ele(a) tem foco, se reinventa sempre que necessário, inova ou melhora o que já existe, estabelece critérios e prioridades, traça estratégias, executa, inspira e indica o caminho a seguir. Afinal, quem sabe faz, quem não sabe ensina e quem não faz nem um nem outro critica!

Apesar dos modelos de gestão pesquisados estarem em constante mudança, terem passado por grandes transformações em relação ao pensamento tradicional e optarem em sua maioria pela autoridade, ainda há um longo caminho a ser palmilhado para a gestão espiritualizada baseada na autoridade moral, visto que a gestão pelo poder está mais atual do que nunca, sobretudo no governo federal brasileiro.

Por fim, é possível inferir, com as abordagens feitas nos capítulos anteriores que, para alcançar qualquer objetivo corporativo, em organizações públicas ou privadas, não importa qual seja, em outras palavras, para que o(a) "chefe seja obedecido", ele(a) deve, antes de tudo, abandonar a postura de capataz, largar o chicote e tornar-se um(a) líder de verdade e servir seus colaboradores, facilitando-lhes a vida de todas as formas (lícitas) possíveis, e mais do que isso, deve ser o exemplo e inspirar para ser legitimamente seguido(a), não só nas mídias sociais, mas na vida real, pois manda quem pode, mas só é de fato obedecido(a), quem sabe servir bem!

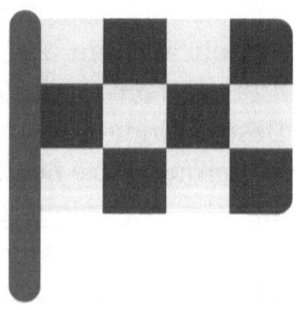

SOBRE O AUTOR

Anaximandro Barbosa De Melo

 Extremamente curioso sobre tudo, cientista de dados, especialista em machine learning, escritor, palestrante, consultor, professor (Pós-Graduação, MBA e cursos técnicos), gerente de projetos, engenheiro de software e empreendedor serial, graduado em Processamento de Dados, possui Pós-Graduação em Ciência de Dados e Machine Learning, MBAs em: Gestão Empresarial; Gestão Estratégica de Projetos; e Controladoria e Finanças. Mais de vinte anos de experiência como Gestor de TIC - Tecnologia da Informação e Comunicações, também possui as principais certificações Google Ads (publicidade Web). Atua com segurança da informação, além lecionar disciplinas de Tecnologia da Informação e Marketing Digital.

Contatos:
https://www.linkedin.com/in/abdmelo/
head@cyberh.com.br
head@posverda.de
WhatsApp: (61) 3532-4133

LIVROS DESTE AUTOR

Felicidade No Trabalho Da Enfermagem: O Livro Que Todo(A) Enfermeiro(A) Deve Ler.

A busca da felicidade é uma meta humana essencial presente em todas as dimensões da vida, incluindo o cenário laboral. Estudos apontam que existe relação entre trabalho e felicidade, afirmando que não é possível ser genuinamente feliz estando infeliz no trabalho. No contexto da enfermagem, a interdependência entre trabalho e felicidade remete a uma preocupação no cenário laboral, visto que há uma estatística importante acerca da depressão entre esses profissionais. Assim, considerando que o objeto de trabalho do profissional da enfermagem é O CUIDADO e sendo A FELICIDADE promotora de resiliência, saúde, sociabilidade, criatividade e energia, decidir conhecer os fatores que promovem o estado de bem-estar e felicidade no trabalho de enfermagem. Esse livro pretende contribuir com o leitor com informações que podem ajudar o profissional de enfermagem a refletir acerca da felicidade em seu trabalho nos diversos campos de atuação, auxiliar na reconstrução de sua atuação frente aos fatores geradores de felicidade e infelicidade laboral, e conhecer as dores e as alegrias de ser enfermeiro ou enfermeira, seja na dimensão individual ou coletiva.

www.ingramcontent.com/pod-product-compliance
Lightning Source LLC
Chambersburg PA
CBHW021502210526
45463CB00002B/848